足尾線は北関東にありながら、なかなか行きにくくクルマを使えるようになってから、ようやく訪問できた。足尾銅山からの鉱石産出のために敷かれた線路。渡良瀬川とその支流と絡むように走る。上、朝靄の中、渡良瀬川第一橋りょうを渡る。この付近はのちの草木ダムに沈んだ。前ページと左は足尾から足尾本山に向かうシーン。周辺はすっかり鉱山のムードだ。右は沢入駅の発車前。

EF 551

形式 EF 55

日立

日立製作所製造
№636 昭和十一年

昭和10年代の世界的な流線型の流行に乗ってつくられた
流線型電気機関車EF55は、現代の車輌にはない風格を持
つ。前後非対称ゆえ、終着ではターンテーブルで向きを変
えねばならず、流線型のカヴァも保守に手間がかかったこ
とから、3輌のみの製造となった。2009年の引退を前に特
別運転が行なわれたのを、練習運転を含め追い掛けた記録。

足尾線を行く
C12 の重連

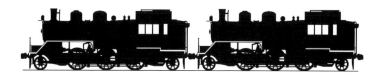

足尾線は近くて遠いところ、という印象であった。直線距離では北関東、そんなに遠くはないというのに、国鉄線を使っていくには足尾線の始発駅である桐生駅に行くのに、とんでもない時間がかかる。

ケータイがルートから到着時刻まで教えてくれるような時代ではないから、なかなか私鉄を乗り継いで、という勇気もないまま、時間だけが過ぎていったのだった。

なにしろ朝一番のお目当ての貨物列車は始発駅、桐生を朝4時代に出発する。到底、列車で行っていたら間に合うわけもない。クルマを手に入れたことが、足尾線探訪のきっかけとなった。

深夜の東京を出発して、高速道路もなにもないのに、鉄道の半分以下の時間で夜が明けて間もない神土（「ごうど」、のち神戸）駅に到着した。そこでC12重連の列車に追いついた。

早朝の冷気のせいなのか、はたまた渡良瀬川に沿う渓谷という地形のせいなのか、辺りは霧とも靄ともつかないヴェイルがかかったようななかにある。

おお、本当に重連だ！ 2輌のC12の吹き上げる蒸気がいつも以上に白く広がる。ダイヤの都合なのか、朝一番の791レは神土で、入換えをし、長時間の停車をする。まだ朝7時前、ここから足尾線撮影行の一日ははじまるのだった。

C12 重連の走る線
■ 足尾線　桐生～足尾間

　いち時はわが国全体の 40％にあたる量の銅を産出していたという足尾銅山。その鉱産物搬出のために山主である古河鉱業が自前の鉄道を敷いた。足尾鉱山の構内に足尾本山駅を置き、そこから渡良瀬川に沿って桐生まで、44.3km のその名も足尾鉄道。しかし、1911 年に全通すると間もなく国が借り入れることとなり、そのまま 1918 年には国有化され、国鉄足尾線になるのである。

　国有化されてしばらくは、足尾鉄道時代からの機関車がそのまま使われていたが、1930 年代になって C12 型蒸気機関車が完成するや、初配置区として桐生庫に配置されたりして、以来、長きにわたって足尾線は C12 の走る線として、すっかり定着しているのだった。

　C12 といえば「簡易線用」、つまり線路規格の低いローカル線、私鉄買収線などで雑多な機関車を一掃するためにつくられた機関車だ。趣味的にはにっくき存在なのだが、私鉄時代の機関車がそのまま活躍していた足尾線など、まさに打ってつけ。一気に近代化されてしまったのだった。

　そして、時が経ってみれば出荷量の増加もあってか、C12 型が重連で走る線として、足尾線は貴重な路線になっていた。桐生から足尾に向けて一方的な上り勾配。ときに C12 型の奮闘も見られる魅力のローカル線、是非とも訪ねてみたいところのひとつになっていたのだ。

　左の写真、S カーヴを力行してくる重連の C12。ボイラーが破裂してしまうのではないか、というような凄いドラフト音を辺りに谺してゆっくりとした速度でやってくる。写真を撮っているわれわれでさえ耳を覆うばかりなのに、機関車の脇を悠然と歩いている人物は平気なのだろうか。

　C12 でもこんな迫力シーンが醸し出せるのだ、と感心しつつ、渡良瀬川を渡る草木のハイライト・ポイントに急いだ。

016

　渡良瀬川に絡むようにして進む足尾線の線路
は、いくつもの渓谷美のシーンを提供してくれる。
そのハイライトといえるのが、神土〜草木間の第
一渡良瀬川橋りょうだ。
　神土〜沢入間は草木ダムを造るために線路の一
部が水没することとなり、新線に付け替えられた
区間である。草木駅は廃駅、この橋りょうも姿を
消した。1911年に完成したこのトラス橋は、「クー
パー」型と呼ばれ、しかも石川島造船で国内生産
された3連の内のひとつ、という歴史的にも貴重
なものであった。1971年には仮線での運転がは
じまり、その年の12月に草木ダム工事の本格的
着工を前に歴史的な橋りょうは爆破撤去された。
　5242mという長大な草木トンネルを含む新線
は、1973年6月に完成するが、それを待つこと
なく、C12型蒸気機関車は引退してしまってい
た。草木ダムが完成したのは1977年3月のこと
であった。

　ところどころに緑濃いのどかな情景をも見せて
くれた足尾線。しかし、足尾が近づくにつれて赤
い岩肌をみせる、荒々しい情景が多くなってくる。
公害などということばがまだ耳慣れていない時
代、渡良瀬川の周辺は亜硫酸ガスなどの影響、ま
た過度の伐採などで樹一本生えていない山がつづ
く異質な光景が広がっているのだった。

024

足尾本山に向かう C12

■ 足尾線　足尾〜足尾本山間

　始発駅の桐生駅から 41.1km、足尾駅に到着する。入換えが行なわれ、重連でやって来た C12 の牽く列車は、ここでふたつに分解される。

　たとえば 8 時 01 分に到着した朝一番の 793 レは、761 レと 763 レに分けられる。次補機だった C1247 が先に 761 レとして 8 時 11 分には足尾本山に向けて出発。20 分ほど遅れて本務機 C1246 が 763 レとして追い掛ける、という寸法だ。2 列車が足尾本山に集結することはなく、途中の間藤駅で交換するという、面白いダイヤになっていた。

　足尾本山駅は貨物専用、しかも鉱山施設内の決して広くない場所だったから、うまく搬出入の段取りを考えてこういう運用になっていたのだろう。鉱石だけでなく、精錬した時の副産物である硫酸も相当量産出されており、一方精錬のための燃料である重油の搬入も必要だったことから、数多くのタンク車の姿が見られた。

　足尾線の客扱いは桐生から 42.4km の間藤駅までで、ここから先、44.3km の足尾本山までは貨物専用線となっていた。間藤駅はいったん足尾方に引上げてから足尾本山に向かうスウィッチバックになっていた。

　この辺りから先、周辺は鉱山関係の施設、建物が多くなり、まさしく専用鉄道の雰囲気をつくり出している。足尾線のもうひとつの顔、という印象であった。

足尾線が足尾鉱山で産出される銅鉱石を運搬するためにつくられた、という話は耳に流し込まれるようにして聞いたことはある。しかし、なにをどうやって運んだのか、もう少し詳しく知りたくなった。

とおにC12もいなくなったというのに、いま頃になって、という思いもあるのだが、逆にいうと、ともに産業遺産というような視点で鉄道の意義とともに知っておくのも悪くない。調べはじめたら、興が乗って真剣に資料を次々に梯子して… というわけである。

足尾銅山の経営開始されたのは1877（明治10）年。古河市兵衛らが買い取った翌年、とされている。足尾鉄道が敷かれるのが1911（明治44）年、足尾まで全通するのが1912（大正元）年大晦日だから、四半世紀の間が開いていることになる。

足尾鉄道は古河系が株の過半を所有する、文字通り鉱山のための鉄道であった。のちに国鉄3070型になる38t級の1C1タンク機関車を注文していたのだが完成が間に合わず、小型のCタンク機、1300型1300の払下げを受けて、スタートしたという歴史を持つ。混乱はそれだけでは収まらず、いろいろな特記事項が足尾線には存在する。

開通した翌1913（大正2）年10月には、貴重な銅鉱石確保という国策を理由に、鉄道全体を国鉄が借入れるのである。盛業であることを裏付けるかのように、1C1タンク機は当初の4輌に2輌が増備され、払下げのボールドウィン社製Cタンク機を1号機としたのにつづいて、2〜7号機、都合7輌の蒸気機関車が働いていた。

第一次大戦の足音も聞こえてきた1918（大正7）年6月、足尾鉄道はそのまま正式に国有化される。7輌の蒸気機関車も国鉄型式をもらうことになるのだが、そこで混乱その2がはじまる。

もと1300の1号機は再買収されたわけだが、元の型式番号には戻らずなぜか1295型1295という別型式になった。国鉄借上げ後に完成した6、7号機は国鉄型式3070型が与えられ、3070、3071号機になっていた。2〜5号機も同じ型式の筈がなぜか別型式、3035型が与えられるのだ。すぐに修正され、3070型、3072〜3075になるのだが、一時的に3035型になっていたことから、のちに別の3035型が登場し、混乱を招くことになる。

1934年になってC12型が導入されるのだが、長く足尾線で重宝されていた3070型をひと回り大きく高性能にした、同じ軸配置1C1というまさにお誂え向きの機関車だった。C12が新製されるや、いきなり桐生庫配置にされたりしたのだから、待望の機関車だったのだろう。

左の写真、専用線的な情景で、機関車も私鉄機ではないか、と思わされたりするのだが、それは考え過ぎだろうか。蛇足だが、工事に三輪トラック「ミゼット」が現役で使用中。

昭和31年から導入されたという足尾銅山の精製新システムは、粗銅のほか、副産物として鉛と錫の合金である「足尾メタル」、硫酸、亜ヒ酸、蒼鉛（ビスマス）などを産出した。硫酸などは盛期には200t以上/日に達したそうで、搬出のためのタンク車も多数出入りするようになった。

足尾から足尾本山に向かうC12の牽く列車が、間藤から本山に向けて走っていく。脇を流れる松木川に沿って従業員住宅をはじめとする鉱山関係の建物が並び、鉱山地域らしい情景をみせる。もうひとつトンネルを通過し、出川橋りょうを渡ると、足尾本山駅だ。

031

出川橋りょうを渡ると、終着足尾本山駅だ。
貨物専用駅で、足尾銅山の構内にある、と
いった感じ。上写真右上に見える足場の部分
が製錬所のひとつである。貨車の受渡しをし
たC12は10分ほどののちにはもと来た道
を足尾駅に向け戻っていく。上右は荷物がな
かったのか、単機で戻ってきたC12163。

　足尾線の終端である足尾本山駅は、写真で見ての通り鉱山の構内という雰囲気の場所にあった。写真左側のタキの停まっているホームが足尾本山駅。三線のヤードを挟んで、C12の牽く列車は一番右側の線に進入しようとしている。この奥に索道の終点があり、積込み設備がある。

　興味深いものの、なかなか全貌は掴めていなかった足尾線の終着、である。いくつかの資料をもとに描いたのだが、残念ながら積込み所などのある奥は知り得ていない。左の写真、フォークリフトの右にワフの端が見えており、そちらに線路が伸びているのが解るが、機回し線の詳細など悔しいかな判然としてしていない。

　出川に沿って下の道を左に上っていくと、足尾銅山本山鉱山神社などがあるし、右方には松木川を渡る古河橋を越えて、「銅街道」と呼ばれた県道250号線に至る。足尾駅北で神子内川と松木川が合流して渡良瀬川になるより上流部分の話である。

　入換えを終えたC12は逆向で足尾側に戻っていく。途中、間藤で下り列車と交換し、足尾までは20分ほどの道のりだ。

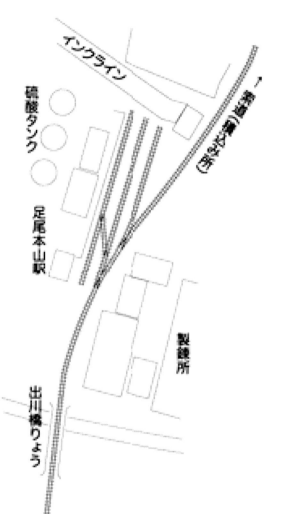

インクライン

物線（選鉱所へ）

（選鉱所へ）

硝酸タンク

足尾本山駅

製錬所

出川橋りょう

通洞坑で見付けたもの ...

「あそこで何かが動いている」

鉄道好きの勘というものかもしれない。一段と高い石詰みの上を動く姿を見付けて、思わず道なき崖を駆け上がった。そこにいたのは… 長い坑車の列をゆっくり牽いている怪し気な機関車であった。

左の写真の奥には1輌ずつ坑車を転回して荷降ろしをするホッパー設備があり、係員の合図で1輌分ずつ前進しているのだった。

いろいろ見たかったのだが、いつ怒られるか解らない。ホンの数分、「ありがとうございましたっ！」と運転者さんにお礼を叫んで、早々に退散。そこが足尾銅山通洞坑であることはあとから知った。

帰り道は軽快に …

　往路、下り列車はずっと上り勾配だった、ということは逆に帰り道は下り勾配がつづく。足取りも軽快に逆向 C12 は渡良瀬川沿いの道を戻っていく。

　神土駅で下り列車の補機になってふたたび足尾に戻ってくる仕業もあって、一日中、目一杯働いている、という印象がある。じっさい朝夜明け前に桐生を出て、足尾本山まで往復したのち、季節臨時列車が走っていたら 22 時過ぎまで 18 時間近く走り詰めだったりするのだ。

　その間、捕機を務めたり単機で区間列車を牽いたり、八面六臂の活躍、といった風だ。それが、本来ならローカル線でのんびり、という雰囲気の小型タンク機、C12 なのだから、やはり足尾線というのは面白いところなのだった。

　いつもそうなのだが、深夜の東京を出て、C12 のあとを追いかけるように沿線を往復する。お昼過ぎに足尾に到着する列車を撮影すれば、もう充分に満足してしまう。少し早めに帰路につき、ゆっくり夕食時までに帰り着ける、という寸法なのであった。

たとえば森林鉄道などは、空の運材台車をつないで山奥に入り、材木を満載した台車を連ねて山から下ってくる。その様子は外から見て解りやすい。たとえば足尾線の場合も空の貨車で行って鉱産物満載にして下ってくる、というのが想像されるが、そんなに単純ではなかったようだ。

鉱山に向かっていく列車は、鉱山での精錬に必要な重油だとかガスの吸収用の石灰、また坑内をはじめとして至るところで必要とされた木材などが運び込まれた。もちろん鉱山従事者の生活物資もあったにちがいない。空荷ではなかったのだ。

いうまでもなくタンク機関車は逆向運転もこなすことを目的につくられたものだ。炭庫部分を先頭にして走る姿は、いつものお馴染みの姿とはちょっとちがっていて、面白かったりする。

左の写真、沢入駅での発車シーンだ。見送る駅長さんと、通り掛った知り合いに手を振る機関助士が C12 の動きに彩りを添えている。

右の写真は 32 キロポストがあるところをみると、沢入〜原向間の S カーヴ。九州の C12 などは石炭を山積みにし、それでも足りないとばかり炭庫を嵩上げしていたりするのに、足尾線の C12 は、晩年に転入してきたものは別にして、嵩上げも盛り上がった石炭も見掛けることがなかった。

あんな力闘して、石炭も消費するだろうに。改めて写真を見ながら、不思議に思ったのだった。

　栄華を誇った足尾銅山だったが、1973年2月には閉山してしまう。閉山後も輸入鉱石を使って精錬事業は継続されたのだが、その閉山よりも早く1970年9月末でC12は引退してしまっていた。

　1968年10月に、それまでの桐生機関区が高崎第一機関区に統合される。1934年に川崎車両で新製以来、ずっと桐生庫に配属され、足尾線ひと筋に働いてきたC1246〜49の4輌のうち、C1248が1967年8月、C1249が1968年10月に廃車になり、他区から転入してきた機関車に代わった。

　1969年の機関車配置表によると、高崎第一機関区に生え抜きのC1246、47のほか、C1241、163、263の計5輌のC12型が配属されていた。それぞれ、浜川崎区、平区、宇和島区から転入してきたものだ。さらにのちに軽井沢にいたC12 7がいたこともある。

　重連という、小型タンク機関車C12には不似合いな（だから面白い）活躍をみせてくれた足尾線。まさに佳き1960年代の終わりとともに姿を消してしまったのである。

C1241

1933 年 9 月、日立製作所製、製番 499。戦前は北海道で使用。1941 年 5 月に美濃太田区、高岡区などを経てふたたび北海道、滝川区、釧路区などで使用された。1955 年からは田端区、浜川崎区と移動して 1967 年 7 月、桐生区へ。1968 年 10 月、高崎第一区に移管されるが、基本的に運用は変わりがない。1970 年 11 月、高一区で廃車になる。

C12型

桐 高

「簡易線用」としてつくられ、国鉄制式機関車中、最も小型のタンク機関車として知られるC12型。生まれながらにローカル線用というだけあって、私鉄向けにも同型機がつくられたりしている。小型とはいえ50t級の軸配置1C1、1930年代に誕生しただけに、近代的な外観を備える。足尾線では晩年4〜6輌が働いていた。

　C1246〜49は1934年に新製されてそのまま桐生庫に配属、30年以上をずっと変わることなく足尾線で使用されたという、珍しいカルテット。

　足尾線のC12は1970年に引退するのだが、晩年になってC1248、49が廃車になり、代わって他区から都合4輌が転入してきた。

　C12はもともとがローカル線用だったことから、せいぜい数輌の配置、というのが多かったし、また入換え用というものも多く、本線を列車を牽いて走るシーンは貴重。ましてや重連の仕業など特筆されるようなことであった。

　1968年10月に桐生区から高崎第一区へ移管されることになったが、足尾線で使用されるものは桐生に駐泊されることになった。

　足尾線に足跡を残したC12のうち、C12 7、49、163の3輌は保存されている。

C1246

1934 年 3 月、川崎車両製、製番 1463、新製時から桐生区に配属され、ずっと足尾線で使用。1968 年 10 月に高崎第一区に受持ちが変わるが足尾線での活躍はそのまま。1970 年 11 月、高一区で廃車になる。

C1247

1934 年 3 月、川崎車両製、製番 1464、新製時から桐生区に配属され、C1246 同様ずっと足尾線で使用。1968 年 10 月に高崎第一区に。1970 年 8 月、高一区で廃車。

C12163

1937年7月、日本車輌製、製番483。完成間もなく北海道に渡り、戦後、美濃太田区を経て四国は小松島区に移動。その後平区を経て1968年10月に高崎第一区に転入。1970年10月、小郡区に移動。岐阜県で保存のために1971年3月稲沢第一区で廃車。足尾線に来たときは前照灯は前後ともシールドビーム二灯だったが、のち後は一灯に。炭庫に増炭枠付。

C12263

1940年9月、日立製作所製、製番1290。戦前は名古屋局、その後四国は宇和島区で宇和島線で使用。1968年10月に高崎第一区に転入。足尾線の後、1970年10月、厚狭区に移動した。1972年6月、厚狭区で廃車。前照灯はシールドビームを装着する。

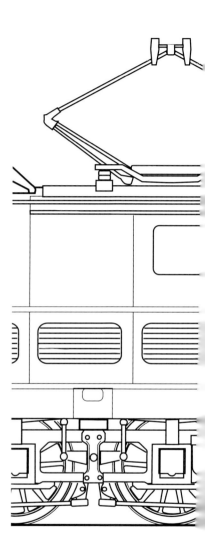

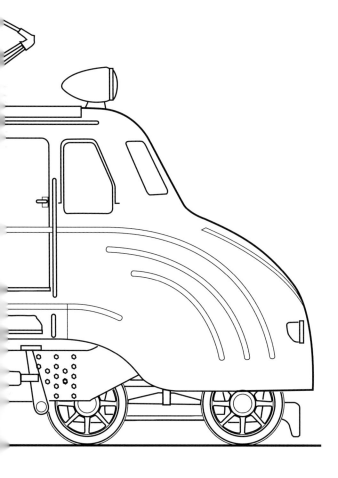

特集
2

流線型電気機関車
EF55

高崎第二機関区の EF55 2

　EF55 型電気機関車は 1936 年に 3 輛が製造された。1936 年といえば昭和 11 年、世界的に流線型ブームが流行したのは昭和 10 年ごろ、というからまさしくそれに便乗してつくられた流線型電気機関車だ。

　まだわが国では電化線はホンの一部で、蒸気機関車全盛の頃。だから、流線型の電気機関車というのは流行の最先端であった。試作という意味合いもあったのだろうか、3 輛はそれぞれ別のメーカーに発注された。EF55 1 は日立、EF55 2 は日本車輌＋東洋電機、EF55 3 は川崎だった。

　EF55 1 をつくった日立製作所は、電気機関車を得意としていた水戸工場ではなく、笠戸工場で製番 636 であった。この時期は電気機関車も多くつくっており、前後して ED42 や EF10 などが送り出されている。EF55 2 は電気関係を東洋電機、車体周りを日本車輌が受持ち、日本車輌製番 100 が記番されている。EF55 3 は川崎車両の製番 57。一方で D51 などを量産しつつ、EF53 などもつくり出していた時期である。データによると 3 〜 4 月に完成とあるが、3 月 30 日に使用開始、と書かれている。

　完成するや、早速、沼津機関区に配属され東海道本線の特急「つばめ」「富士」の東京〜沼津間を受持った。EF55 にとって本来の目的に叶った華やかないち時期だが、もちろん書物で見るだけの実感味のないシーンである。むしろその後、登場してきたより高性能な機関車に追われて高崎第二機関区に転属し、EF53 などとともに普通列車などで使われていた時代の方が身近かで好もしく思えたりする。

　この時期に流線型側、当初は取り外し式でカヴァによって流線型が保たれていた第一エンドの連結器周辺が大きく切り欠かれ、時には第二エンドを前にして列車を牽いたりしたこともあった。まあ、アマノジャクな趣味人はそんなシーンにより感動したりするのだから困ったものだ。

　話題にもならなくなった EF55 は、EF55 3 が 1962 年 11 月に浜松工場で交直両用機 ED30 1 に部品提供して廃車、残る 2 輛も 1964 年 12 月 5 日付で廃車になった。

　それは 1962 年 10 月 14 日、鉄道記念日のことであった。高崎第二機関区で EF55 2 に遭遇した。すでに休車に近い状態だったようで、客車が多く留置されたヤードの片隅に置かれていた。第一エンドの連結器周辺は、以前写真で見たときよりも大きく切り欠かれており、車体裾の部分もカヴァが外されて、担いバネがはっきり外から見える状態、模型だったら曲線通過が楽だなあ、などと思ったりした。正面の V 字状の飾りモールも下の端が失せていた。

　じつは限られた時間、限られたフィルムで、やっと数カットを撮影しただけで、じっくり観察する余裕もなく帰途についたのだが、写真とは有効な記録媒体だ。いまさらに大きく伸ばしてみて、いくつもの発見をして嬉しくなっている。ひとつの時代を象徴する機関車にちがいなかった。

　僚機 EF55 1 が復活し、観察できたことがことさら嬉しく思うのは、EF55 2 に出遇ったときの満たされなかった部分の裏返し、そんな気がして仕方がない。

上越線を走る
EF55 1

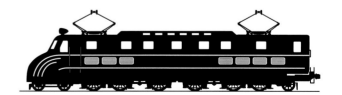

最初の遭遇から半世紀近くが経過した 2008 年 12 月 2 日のことである。保存運転されている D51 や C61 を撮りに行ったお気に入りにポイント。本当にやって来るのだろうか。汽笛もドラフト音もないから、「来た！」という感覚はどうなのだろう。ここしばらく蒸気機関車ばかりを撮ってきていたから、ちょっと不思議な感覚であった。

　むこうに鈍黄色の前照灯の明かりが見えた。まちがいなく流線型だ！

　4 輌の茶色い客車を従えている。これが 2008 年だと信じられようか？　もはや軽量客車をはじめ客車というもの自体がほとんど存在しなくなっている時代に、旧型客車 4 輌の先頭に EF55 が立っているとは。

　じつはこの日の運転は練習運転であった。次の週末に運転される予定の「さよなら運転」のために走っているのだった。だから、寄せ集めて 4 輌の旧型客車が用意されているのだ、とあとから知って、幸運を思ったのであった。

1964年、廃車になった2輌のEF55のうち、EF55 2は解体されてしまったが、EF55 1は中央鉄道学園で教習用として使用されることになり、静態ながら保存状態になった。

　そうだ、その前に一度EF55 1に遇ったことがある。母親にねだって連れて行ってもらった、晴海で開催された鉄道90周年「伸びゆく鉄道科学大博覧会」の会場で。C62やC51、新しいところではEF60 2、ED72、DF50、カニ22、401系交流電車などがなどが並んだ。それとともにEF55 1はマイテ39と並んで展示されていたのだ。

　サイドのスカート部分は取り外されていたが、連結器カヴァが復元されて着けられている。もっともそんなことは当時解ろう筈もなく、いま写真を伸ばしてみて気付いたことなのだが。（写真右）

　どうやらこの状態のまま、長く中央鉄道学園にいたらしい。同学園は国鉄の分割民営化前の1987年に廃校になってしまうのだが、それに先立ってEF55 1は高崎第二機関区に移管され、同区で保存状態が継続された。そして嬉しいことに、1986年に大宮工場で動態保存に向け整備、その年の6月24日には車籍が復活されるのである。晴れて本線をふたたび走ることが可能になったのだ。

　「EF55 奥利根」号などとして活躍しはじめたのを知ってはいたが、なかなか足が向くことはなく、そろそろ引退という段になってようやくこの地へ出向いたのだった。そうしたら、この練習運転という幸運。初めて本線上を走るEF55の姿をこの目で見ることになったのである。

　「さよなら列車」の当日は磐越西線用の12系客車6輌を牽いて、上越線高崎〜水上間を往復した。多くの乗客を満載して、それでも蒸気機関車だったら力闘をみせる区間も、さすがは電気機関車。取りたてて難儀する素振りも見せることなく通過して行った。

　右ページ写真と較べてみても、断然茶色い旧型客車がお似合いなのだが、12系客車の先頭に立つ姿も悪くはない。

　保存列車とするなら、それこそWルーフ、三軸ボギイの展望車を連結した列車ごと保存して欲しい。むかしの特急列車とはいかなるものだったか。いち度は経験してみたいものだ、と心底思う。

　それはさておくとして、時代の離れた客車との取り合わせは新鮮なものであった。塗り分け塗装の客車に対して、EF55の重厚感がいっそう強調される。当時としては洒落っ気たっぷりで浮いていたかもしれない飾り帯もしっくり馴染んでいた。

　練習運転の時は平日だったこともあり、道路も空いていたのだがこの日はファンの数も多く、あまり無理に追いかけることもせず水上駅のようすを見に行った。

　そこでも EF55 の人気は決して小さくはないことを再認識させられた。帰路は夕刻が近かったこともあり、水上寄りのポイントで待つことにした。向こうの左カーヴからやってきて、右にカーヴしていく。直線を挟んだ S カーヴ。

　だんだん明るさが失せていく。ようやくの明るさも赤味が増してくる。それにしても、ディジタルはありがたいものだ。むかしのフィルムだったら諦めていただろうに ASA（いまは ISO か）12500 でも使えるのだから。それでも陽が落ち切ってしまわないか、じりじりとした時間が過ぎていく。

　ようやく向こうのカーヴに姿を現わした EF55。前照灯が綺麗だ。低い唸り音とともに近づいて来て、目の前を通過して行った。ふわりと熱気とともに微かな油の焼ける匂いがしたような…

特集
2-2

EF55 を観察する

「ありがとうEF55」のヘッドマークを掲げた
EF55 1は数多くのファンに迎えられて、終着、
水上駅に到着した。ここで向きを変え、帰りの
列車までのひと時を過ごす。
　いうまでもなくEF55を観察するする絶好の
時間。この唯一無二の流線型電気機関車を生き
た状態で観察できるのは最後の機会かもしれな
い。そんな貴重なひととき、車体に刻まれた時
の流れを確認するかのように眺め回したのだっ
た。この前の練習運転のときには黒いままだっ
た連結器が銀色に塗られるなど、化粧を施され
た最後の姿がそこにはあった。

　流線型電気機関車 EF55 型の最大の特徴は、前後
非対称である、ということだろう。流線型の第一エン
ドに対し、反対側の第二エンドはほとんど切り妻
近い端面に、当初は最小限の運転設備だけだった、
という。前照灯も着いていなかった。向きを変える
必要なく、双方向に走ることができるという電気機
関車の大きな美点のひとつを放棄していたわけだ。
　第二エンドの運転台も整備し、高崎第二機関区時
代にはそちら側を先頭にして走ったりもした。それ
はそれで大変興味ある光景なのだが、放棄した結果
が引退時期を早めた一因、という事実は否めない。
　この日、客車を切り離して引上げていった EF55
は、第二エンドをこちらに向けてターンテーブルへ
とやってくる。これこれ、なかなかお目に掛かれな
い流線型機関車の第二エンドである。この顔で走っ
てきても悪くはないが、反対側、客車と流線型の連
結部分はまた見慣れぬ風景、これぞ異端、という感
じなのだろうな。
　因みにこのときは逆向で走ってくるのも、第二エ
ンドの運転台ではなく第一エンド側の運転席から身
を乗り出して、文字通り逆向運転していた。
　いつもは D51 や C61 のためのものの筈だが、水
上のターンテーブルにはちゃんと架線が張られてい
る。自走でターンテーブルに載ったところでパンタ
グラフを下げ、方向転回してからふたたびパンタグ
ラフを上げて留置線で待機。蒸機よりもよほど手間
のような気がした。

　EF55 の流線型部分は、想像以上に絞り込まれている。一眼のカメラで撮ってこれだから、実際にはもっと絞られていることになる。曲面の連続だから正確な数字は不明だが、先輪の横動具合を見ると、想像以上に絞り込まれているのが伺える。

　車体断面方向を見ても、車体裾の部分が絞り込まれていて、流線型を実現しようという意欲が伝わってくる。直前までつくられていたのが、帯板やリヴェットで構成される EF10 や EF53 だと考えると、溶接による滑らかな車体はそれだけでひと時代進化した印象を受ける。

　ちょうど EF55 を機に、それ以降はスマートな EF56 や EF57 に変化していく。単に流線型というだけでなく、EF55 がエポックメイキングな存在であることがひしひしと伝わってくる。

　EF55 の軸配置は 2C+C1、つまり前後で異なる台車を履いている。前側の主台枠が HT54 型、先台車 LT215 型、後側は HT55 型に一軸の LT112 型従台車が組み合わされる。基本的には EF53 後期型と EF10 型に準じた足周り、といわれた。

　第二エンド側は小さなデッキが車体に取り付き、その部分を中心に台車形状も EF10 とは異なっていることから、HT55 型は EF55 後側台車のみに与えられた型式だ。

次ページの真横の写真、ざっと数えただけでも 90 人近いファンが写り
込んでいる。右の写真のように遠くから写している人もいるから、優に
100 人を超える人が集まっている。EF55 に牽かれる特別列車でやって来
た人もいるだろうし、もうすでに帰りの写真を撮るために撮影ポイントに
散っていった人もいるようだ。
　いずれにせよ、多くの鉄道好きを誘うだけの魅力が流線型電気機関車、
EF55 には備わっている。それは間違いのないことだ。歴史の生き証人、
ひとつの文化遺産、佳き時代の名残りなどということば以上に、その「か
たち」その「佇まい」が心昂らせてくれるのだから。

　この日のあと、EF551 はさいたま市にある「鉄道博物館」に収まって、
その形は後世にも伝えられるべく残されることになった。それはそれで大
変に素晴らしく喜ぶべきことではあるのだが、やはり走ってこその鉄道車
輌というものではあるまいか。
　遥か彼方の向こうに小さく姿を現わし、しだいに近づくに連れて大きく
なってくるシーン… 二本の線路の確かさ、鉄道という所以もそうしたシ
チュエイションのなかにあるということが再認識できたりするのだった。
それが蒸気機関車だったら吐く煙や響くドラフト音などで、その刹那がた
まらなく魅力なものだが、旧式な電気機関車だって負けてはいない。とり
わけ、EF55 型のような流線型機関車は、やはり走る姿が独特で美しい。
　「ラストラン」ということばに、いささかの切なさを伴って走り去った
EF55 1。まずはその情景を目の奥に焼き付けておきたいと思った次第だ。

あとがきに代えて

　高崎第二機関区で遭遇した EF55 2 は衝撃であった。ほとんど初めて遠出をして、横川までアプト式 ED42 を見に行った時だ。通過した高崎の手前でヤードに人がいて、どうやらなにかイヴェントが開かれているようだ、と子供心にも理解できた。中学の同級生とふたり（早くして逝ってしまった G 君だ）旅であった。

　帰りに寄ってみよう、と立ち寄った高崎第二機関区では、鉄道記念日のその日、新着の EF62、EF63 のお披露目が行なわれていた。もちろん新型機にも興味はあったけれど、向こうに見えるヤードの客車が気になって仕方がない。マロテ 49 1 が展示されていたが、それよりもマイフ 97（「わー、マイフだ」と言って駆け寄ったのを憶えているが、等級改正でマロフ 97 になっていた）、マロネロ 38、マロネフ 49 など、優等客車が並ぶヤードはまさにユートピアであった。

　オリンパス・ペンに 20 枚撮りフィルム 1 本だけしか持っていなかったから、もう倹約しいしい一枚ずつシャッターを切った。そんな中でもうひとつのめっけ物があった。それが EF55 2 である。思わず、なん枚も撮ってしまい、慌てて自重したのが忘れられない。

　その数枚の中に真横からのショットがあった。とにかくレンズ交換もなにもできないカメラ。無理を承知で二分割で撮影したのが二ページ大の写真だ。引き伸してアルバムに貼る時も「二ページ大」にしようと考えたのだろうか。その思いは半世紀以上経って、ようやく本書で実現した、というわけだ。

　　　　＊　　　　　　＊　　　　　　＊

　なぜだか解らないが、やはり流線型には子供の頃から強い憧れがあったようだ。生まれて初めて真鍮板を切って貼って「スクラッチ」しようと試みたのは流線型 C55 だった。もう残骸さえ残っていないが、真鍮板を切り刻んで、曲げてあの流線形に似た形ができ掛かった時は小躍りせんばかり、であった。

　長じて、流線型車輛が製品になると無理をしてでも手に入れたものだ。C5343、C55、EF55、52 系電車、キハ 43000 系気動車… 考えてみれば多くの流線型車輛が国鉄にも存在した。世界的な流行に追いつこうとした、佳き時代の名残り。結局、この目で見ることができたのは EF55 と 52 系とだけ、それも晩年の姿だけだが、一生懸命流線型ですよ、といった主張はひとつの時代を思わせてくれた。

　生産技術の進歩や新しいマテリアルの登場で、いまや流線型は航空機にも勝るような空力的スタイリングになっている。目に優しくない現代の流線型を見るにつけ、「むかしの流線型」が懐かしく温かみを感じてしまったりする。

高崎第二機関区で出遇った、マロフ 97 1、マロテ 49 1、それに新車の EF62 1（右ページ）

C1241、南武線で働く時代。浜川崎から登戸まで、小貨物列車を牽いて往復していた。後年、久里浜で留置されていたC1241。もう廃車になってしまうとばかり思っていたから… 足尾線での再会は嬉しかった。

　　　　＊　　　　＊　　　　＊

　話はC12に移る。国鉄では最小型タンク機関車といわれたが、それでも50t級、たとえば軽便や私鉄専用線で親しんだ小型機関車よりは数倍大きい。

　国鉄ではミニマムな貨物列車などでもC12型より小型な機関車はなかった。とはいえ、晩年などD51がワフを1輛だけ牽いて走っていたりしたのだから、たとえば阿蘇の麓で混合列車に力闘する姿だとか、けっこう長い貨物列車を牽いていた明知線や高千穂線など、C12の活躍シーンにも遭遇した。

　そういうことからして、重連で走る足尾線は記憶に残るひとつだった、といえる。晩年、足尾線にやってきたC1241は、そのむかし南武線で遭遇していた。

　通学路であった17m級電車の走る南武線に蒸機がやってきた時はちょっとした驚きだった。沿線に非電化の専用線があり、浜川崎区のC12がやってきているのだとあとから知ったが、一度などその非電化区間、津田山駅ヤードで細部も観察したりした。模型をつくるため、である。

　そのC1241に二度目に遇ったのは久里浜で、であった。廃車体の並ぶ中にC1241がいた。じつは浜川崎地区の無煙化が行なわれた1967年3月、休車となって留置されていたのだ。幸運なことに、この半年後に復帰して桐生に行ったのだった。

　そして足尾線で活躍ののち、最後は1970年10月に運転された「足尾線無煙化記念さよなら列車」をC1241+C1246で牽いているのだから、素晴しい。

　　　　＊　　　　＊　　　　＊

　高崎で遭遇したEF55、最初で最後かと思っていたら復活運転され走行シーンに出遇えた、いったんは廃車かと思っていたC1241の活躍にふたたび出遇えた。長く鉄道好きをしていると、いろいろ「物語」ができたりするものだ。

　そんなことを思いつつ「ISSUE07」を締めくくろう。

　　　　　　　　2023年春に

　　　　　　　　　いのうえ・こーいち

いのうえ・こーいち　著作制作図書

● 『世界の狭軌鉄道』いまも見られる蒸気機関車　全 6 巻　　2018 ～ 2019 年　　メディアパル

1、ダージリン：インドの「世界遺産」の鉄道、いまも蒸気機関車の走る鉄道として有名。
2、ウェールズ：もと南アフリカのガーラットが走る魅力の鉄道。フェスティニオク鉄道も収録。
3、パフィング・ビリイ：オーストラリアの人気鉄道。アメリカン・スタイルのタンク機が活躍。
4、成田と丸瀬布：いまも残る保存鉄道をはじめ日本の軽便鉄道、蒸気機関車の終焉の記録。
5、モーリイ鉄道：現存するドイツ 11 の蒸気鉄道をくまなく紹介。600mm のコッペルが素敵。
6、ロムニイ、ハイス＆ダイムチャーチ鉄道：英国を走る人気の 381mm 軌間の蒸機鉄道。

● 『C56 Mogul』　C56 の活躍した各路線の記録、また日本に残ったうちの 40 輌の写真など全記録。

● 『小海線の C56』　高原のローカル線として人気だった小海線の C56 をあますところなく紹介。

● 『井笠鉄道』　岡山県にあった軽便鉄道の記録。最期の日のコッペル蒸機の貴重なシーンも。

● 『頸城鉄道』　独特の車輌群で知られる新潟県の軽便鉄道。のちに 2 号蒸機が復活した姿も訪ねる。

● 『下津井電鉄』　ガソリンカー改造電車が走っていた電化軽便の全貌。瀬戸大橋のむかしのルート。

● 『尾小屋鉄道』最後まで残っていた非電化軽便の記録。蒸気機関車 5 号機の特別運転も収録する。

● 『糸魚川＋基隆』　鉄道好きの楽園と称された糸魚川東洋活性白土専用線と台湾基隆の 2' 蒸機の活躍。

● 『草軽電鉄＋栃尾電鉄』永遠の憧れの軽便、草軽と車輌の面白さで人気だった栃尾の懐かしい記録。

● 『日本硫黄 沼尻鉄道』鉱石運搬につくられた軽便鉄道の晩年を先輩、梅村正明写真で再現する。

● 季刊『自動車趣味人』3、6、9、12 月に刊行する自動車好きのための季刊誌。肩の凝らない内容。

著者プロフィール
　いのうえ・こーいち　（Koichi-INOUYE）
岡山県生まれ、東京育ち。幼少の頃よりのりものに大き
な興味を持ち、鉄道は趣味として楽しみつつ、クルマ雑
誌、書籍の制作を中心に執筆活動、撮影活動をつづける。
近年は鉄道関係の著作も多く、月刊「鉄道模型趣味」誌
に連載中。主な著作に「C62 2 final」、「D51 Mikado」、
「世界の狭軌鉄道」全 6 巻、「図説電気機関車全史」（以上
メディアパル）、「図説蒸気機関車全史」（JTB パブリッシ
ング）、「名車を生む力」（二玄社）、「ぼくの好きな時代、
ぼくの好きなクルマたち」「C 62 ／団塊の蒸気機関車」
（エイ出版）、「フェラーリ、macchina della quadro」
（ソニー・マガジンズ）など多数。また、週刊「C62 を
つくる」「D51 をつくる」（デアゴスティーニ）の制作、
「世界の名車」、「ハーレーダビッドソン完全大図鑑」（講
談社）の翻訳も手がける。季刊「自動車趣味人」主宰。
株）いのうえ事務所、日本写真家協会会員。
連絡先：mail@tt-9.com

C12 重連の走る足尾線　流線型電機 EF55　鉄道趣味人 07 「北関東 1」

発行日　　2023 年 4 月 15 日
　　　　　初版第 1 刷発行

著者兼発行人　いのうえ・こーいち
発行所　株式会社こー企画／いのうえ事務所
　　　　〒 158-0098　東京都世田谷区上用賀 3-18-16
　　　　　PHONE 03-3420-0513
　　　　　FAX　　 03-3420-0667

発売所　株式会社メディアパル（共同出版者・流通責任者）
　　　　〒 162-8710　東京都新宿区東五軒町 6-24
　　　　　PHONE 03-5261-1171
　　　　　FAX　　 03-3235-4645

印刷 製本　株式会社 JOETSU

© Koichi-Inouye 2023

ISBN 978-4-8021-3392-0　C0065
2023 Printed in Japan

著者近影　　撮影：イノウエアキコ